Maîtresse,
mais pourquoi... ?

Direction éditoriale : Stéphane Chabenat
Éditrice : Coralie Delvigne
Conception graphique et mise en pages : Soft Office
Conception couverture : 2Li
Illustrations : Samuel Rimbault

Les Éditions de l'**Opportun**
16, rue Dupetit-Thouars
75003 Paris
www.editionsopportun.com

Sandra Guillot-Duhem
Gaelle Roze

Maîtresse, mais pourquoi... ?

« Les enfants sont des énigmes lumineuses. »

Daniel Pennac, *Messieurs les enfants*

SOMMAIRE

AVANT-PROPOS

Après *Parents casse-couilles**, il nous paraissait évident de vous faire partager les paroles innocentes souvent insolites, les répliques incongrues, inappropriées et les questionnements décalés, hors de propos et spontanés de ceux qui occupent une place essentielle dans notre vie.

Eux, ce sont vos enfants, et nos élèves.

Des p'tits coquins, des p'tits têtus, des p'tits chéris, des p'tits terribles, mais avant tout, des enfants dont les réparties nous enragent, nous attendrissent et nous étonnent encore.

Quelle parade adopter face à de petits êtres inachevés pleins d'innocence et qui, somme toute, ont déjà des airs de « p'tit Einstein » ?

Un seul mot d'ordre : l'Adaptation ! Certains parleraient d'insolence, d'autres qualifieraient cela « d'intelligence de répartie ».

---

* Sandra Guillot-Duhem et Sabrina Petit, *Parents casse-couilles*, paru aux éditions de l'Opportun en 2018.

Dans tous les cas, ces p'tits amours n'ont pas fini de nous surprendre...

Pour vous, nous avons pris plaisir à nous remémorer toutes ces répliques inattendues et à vous faire partager les pensées inavouables qu'elles nous inspirent.

P'TITS GÉNIES...

— Quentin, veux-tu bien remettre le ballon de la cantine dans sa panière, s'il te plaît ?

— NON, c'est MON ballon !

— Non, ce n'est pas le tien, lis ce qui est écrit dessus.

— J'vois bien : C A N T I N !

(Et le « e », p'tit malin !)

Une maîtresse désespérée :

— Vous n'écoutez rien aujourd'hui, j'ai vraiment l'impression de vous parler chinois !

Xiang :

— Non, Maîtresse. Toi, tu parles pas chinois, mais je peux t'aider si tu veux !

(Il faut l'avouer, je ne maîtrise pas le chinois, mais il va vraiment falloir que je m'y mette...)

Au bout de vingt minutes, Mathis n'a toujours pas commencé son travail :

— Mathis, mais qu'est-ce que je vais bien pouvoir faire de toi ?

— Ben, tu peux peut-être commencer par me laisser aller en récréation, et après tu verras…

(Ben oui tiens ! P'tit Ducobu !)

— Maîtresse, t'as quel âge ?

— Quatre ans, comme toi !

— Non, c'est pas possible…

— Pourquoi ? Regarde, je suis bien en Moyenne Section, moi aussi !

— Non, t'as pas quatre ans ! T'as moins, car tu sais jamais rien, tu nous demandes tout le temps !

(Arroseur arrosé…)

— Awen, tu m'aides à ranger ?

— Pourquoi tu demandes toujours à moi, Maîtresse ?

— Oui, tu as raison... c'est parce que tu ranges tellement bien !

— Oui ben, dans ce cas, tu vas devoir me payer maintenant !

(Business is business...)

AWEN RANGEMENT
et compagnie !
VU À LA TÉLÉ !
Tarifs
Rangement
1 JEU 1€
1 CAISSE 3€
LA CLASSE 10€

— Bakari, tu ne comprends pas, ça fait trois fois que je te demande de recommencer !

— Ben oui, Maîtresse, je vois bien qu'au bout de trois fois, tu comprends pas ce que je fais !

(Tête dure...)

— Oh Augustin ! Tu es tombé ? Tout va bien ?

— Oui, c'est parce que j'ai des nouvelles baskets et elles courent vite...

— Ah oui, mais moi je pense qu'elles courent trop vite !

— N'importe quoi, Maîtresse, je t'ai eue, des chaussures ça ne court pas !

(Ah oui ! Je me suis fait avoir...)

— Bon, maintenant, Gaëtan, ça suffit tes bêtises ! Tu vas au coin !

— Lequel ?

— Celui que tu veux !

— Ben, je vais au coin « voitures » !

(Grrr, p'tit malin va !)

— Léa, peux-tu m'épeler ton prénom ?

— L.E.A.

— Très bien ! À toi Jean-Christophe, après nous irons en récréation…

— Non, je préfère aller en récré d'abord sinon c'est trop long !

(Effectivement, tu n'as pas tout à fait tort…)

— Ce matin, les enfants, on ne peut pas aller en récréation, il pleut beaucoup trop !

— Oh ça va, on n'est pas en sucre, Maîtresse !

(D'accord, d'accord…)

— Que se passe-t-il aujourd'hui, Maxens ?

— Chui de mauvaise humeur, Maîtresse ! Je vais avoir un p'tit frère !

— Mais c'est super, ça !

— Non, c'est nul ! Maintenant je vais être obligé d'être sage pour montrer l'exemple !

(Ah oui ! Vu comme ça…)

— Maîtresse, j'ai perdu cinq dents !

— Cinq ! Ça n'a pas dû être facile pour la petite souris de transporter toutes ces dents !

— Non, mais pas cinq dents en un seul dodo, en plusieurs dodos. Toi, tu peux pas savoir, t'as tes dents d'adulte, tu fais plus dodo !

(Je comprends maintenant pourquoi je suis si fatiguée… Merci docteur !)

— Maîtresse, je n'aime pas mon sandwich. Maman m'a mis du poulet et je n'aime pas ça !

— Ah oui, moi non plus je n'aime pas le poulet. As-tu autre chose à manger ?

— Non, mais si tu n'as pas de poulet dans ton sandwich, tu n'as qu'à me le donner !

(Ben voyons…)

QUAND JE SERAI GRAND…

— Maîtresse ?

— Oui, Adem ?

— T'as toujours voulu faire maîtresse ?

— Oh oui, depuis très longtemps.

— Ah ? C'est bizarre. Parce que, moi, je veux faire un métier où on gagne plein d'argent.

(Eh bien, au moins, il sait déjà que ce n'est pas avec le métier d'enseignant qu'on fait fortune !)

— Maîtresse, pourquoi va-t-on encoooooore à la ferme ?

— Nous allons apprendre à faire du beurre, Joseph...

— DU BEURRE ? Mais j'en ai dans mon frigo, je n'ai pas besoin d'apprendre à en faire !

(Tu as raison, petit génie, pourquoi faire compliqué quand on peut faire simple...)

— Maîtresse, est-ce qu'un jour je pourrai ramener le poisson rouge de la classe chez moi ?

— Pourquoi, Léa ?

— C'est pour voir si les chats aiment vraiment les poissons rouges, comme dans les histoires.

(Une scientifique en herbe...)

Un fermier a des poules et des lapins. En regardant tous les animaux, il voit 5 têtes et 14 pattes. Combien le fermier a-t-il de lapins et combien a-t-il de poules ?

—Moi, Maîtresse, j'ai trouvé ! Y'a 4 lapins et 1 poule.

— Comment as-tu fait ?

—Eh ben, j'ai dessiné 5 têtes et j'ai rajouté des pattes.

— Bien, mais pourquoi as-tu dessiné 3 pattes sous chaque tête ?

—Avec 4 pattes ça marchait pas, alors j'ai cassé 1 patte aux lapins.

(C'est ce qu'on appelle s'approprier une démarche scientifique : j'observe, j'émets des hypothèses, j'expérimente et j'arrange à ma sauce !)

AU SUIVANT !
VÉTÉRINAIRE
SALLE D'ATTENTE

— Maîtresse, t'es belle ! Je t'aime !

— Moi aussi, Jean. Tu as quelque chose à me demander ?

— Si tu peux lever ma punition pour que j'aille jouer…

— Allez… va !

(Toi, tu as tout compris…)

— Tu as dessiné toute ta famille, Louis ?

— Oui, là c'est Maman, Papa, Rose ma p'tite sœur, et moi.

— Pourquoi as-tu une tête beaucoup plus grosse que les autres ?

— C'est normal, Maîtresse, je suis le plus intelligent !

(C'est ce qu'on appelle avoir la grosse tête !)

— Maîtresse, Camille elle dit que pour faire les bébés, la graine on la plante dans la terre et ça fait une rose ou un chou, mais moi je dis que la graine il faut la mettre directement dans « les mamans ». T'en penses quoi ?

— Heu, j'en pense que... le jardinage, c'est très compliqué !

(Au secours !)

— Léandre, tu as envie de faire pipi ?

— Noon...

— Alors, enlève la main de ton pantalon.

— Mais nooon, ça m'tient chaud !

(Vu sous cet angle, pourquoi pas ?)

— Tom, que fais-tu avec tous ces billets ? D'où viennent-ils ?

— C'est pour jouer au marchand. Tu l'diras pas à Papa, hein ? J'les ai pris dans sa boîte secrète.

— Mais que t'est-il passé par la tête ?

— À l'école, y a qu'des faux billets. Et moi, je trouve pas ça drôle !

(Voilà un futur financier qui ne va certainement pas faire rire son papa !)

ÇA FERA 10€, MONSIEUR !
10.000
MONOPOLY
10.000
10.000
HEU...
...VOUS AVEZ LA MONNAIE ?

— Maîtresse, tu peux nous relire *Le parcours de Paulo*, **s'il te plaît ?**

— Bien sûr, Pablo. Je sais que tu aimes beaucoup cette histoire.

— Moi aussi, avant j'étais un spermatozoïde.

— Et c'est toi qui as gagné !

— Oui, et tu veux que je te raconte comment ?

— Euh, non, ça ira Paulo... enfin Pablo...

(Dis, Pablo, c'est quoi cette bouteille de lait ?)*

---

* Référence à la célèbre publicité Lactel des années 90 *Papa, c'est quoi cette bouteille de lait ?*

— Maîtresse, pourquoi on sort encore en forêt ?

— Mais parce que nous n'avons pas fini d'étudier les arbres, Callie…

— Tu n'as qu'à nous montrer des livres, ça ira plus vite !

(Oui, Mam'selle Je-Sais-Tout !)

— Maîtresse, si j'avale un os, est-ce que ça me fait un os de plus ?

(Euh… y'a comme un os…)

— Maîtresse, ta boussole, elle fonctionne pas ! Regarde, l'aiguille gigote dans tous les sens et elle montre toujours le même endroit.

— Si tu écoutais un peu plus, tu saurais que l'aiguille d'une boussole indique toujours le nord.

— Mais... j'veux pas aller dans l'Nord, moi !

(« Oooof... En été, ça va parce que tu as 0, 1 mais en hiver... ça descend, ça descend, ça descend - 10, - 20, - 30 ; tu dis je reste couché et ils te foutent du - 40. C'EST LE NOOOORD ! »)*

* Citation tirée du film *Bienvenue chez les Ch'tis* (Dany Boon, 2008).

... OU PAS !

Sortie en forêt :

— Nous avons vu que les châtaigniers donnent les châtaignes. Savez-vous quel arbre donne les glands ?

— Oui, moi je sais, c'est le glandeur !

— MAAIIIIIS NOOOON, c'est pas le glandeur, c'est le glandier !

(Toujours pas... Par contre, moi, j'ai les glandes !)

— Maîtresse, j'ai pris l'avion pendant les vacances...

— Ah mais c'est super ça, Clémentine ! Et où es-tu allée ?

— Ben, dans le ciel !

(Ah mais oui... bien sûr !)

— Maîtresse, j'en ai marre de manger des raviolis à la cantine pendant les grèves !

— Qu'aimerais-tu manger alors, Jocelyn ?

— J'sais pas moi, des pâtes à la sauce tomate !

(Ou des lasagnes...)

— Moi, j'suis très fort en maths ! J'suis le plus fort de la classe !

— Ah oui ? Qu'est-ce qui te fait dire ça ?

— Regarde, je compte super vite : 100 + 100 = 1 000, 200 + 200 = 2 000, 300 + 300 = 3 000.

— En effet...

(Comment lui annoncer qu'il n'est pas encore prêt pour math sup ?)

— Oriane, où es-tu partie, toi, cet été ?

— Dans le Sud, à Lille !

(Au sud de l'Angleterre, quoi !)

— Maxime, pourquoi as-tu enlevé ton pantalon ?

— Il me serre trop aux poignets des jambes !

(Il va falloir bosser dur pour réussir médecine...)

— Les enfants, pour la kermesse, vous allez fabriquer un chamboule-tout.

— Ouiiiii !

— Vous ferez les balles à l'aide de vieilles paires de chaussettes que vous rapporterez de la maison.

— Moi, j'peux pas apporter de vieilles chaussettes.

— Pourquoi Léo ?

— Papa veut pas les jeter. Ses chaussettes, elles ont des trous mais il dit que ça fait de l'air pour ses pieds !

(Mais c'est Papa le p'tit génie !)

— Bonjour Léo. Pourquoi portes-tu deux masques ce matin ?

— Maman a dit que comme ça j'étais doublement protégé !

(Et un génie de plus dans la famille !)

— Les enfants, je vais bientôt rencontrer vos parents pour leur donner le livret de compétences…

— C'est quoi, Maîtresse ?

— C'est un petit livre qui montre ce que vous savez faire et ce que vous ne savez pas encore faire…

Léo, écarquillant les yeux :

— Ce doit être un gros livre alors…

(Oh oui ! Avec plein de blablas qui ne te serviront jamais à rien !)

— Vous avez mangé quoi ce midi, les enfants, à la cantine ?

— Du poulet de bœuf !

(Ah…)

— Les enfants, il faut faire attention à ne pas trop se toucher car il y a une épidémie de varicelle...

— C'est quoi la varicelle ?

— C'est une maladie qui développe des boutons partout sur le corps et le visage...

— Moi, mon grand frère, il a la varicelle !

— Ah bon ?

— Oui, et ça part jamais...

(Ça, ça s'appelle l'adolescence !)

Premier degré

— Maîtresse, j'ai fini !

— Oui, je vais venir jeter un œil sur ton travail, Lily…

— Ah non ! Je n'ai pas envie que tu jettes tes yeux sur moi !

(Je vais néanmoins bientôt perdre la tête…)

• • •

— Lily, nous avons bien discuté avec tes parents et nous avons décidé de te faire sauter une classe.

— Mais j'ai pas les jambes assez longues !

(Après réflexion, ce n'est peut-être pas une si bonne idée que ça…)

• • •

— Aujourd'hui, les enfants, certains d'entre vous vont commencer à écrire au stylo-plume. J'en ai distribué un à chaque élève concerné. L'avez-vous bien trouvé sur votre table ?

— Non, pas moi, Maîtresse.

— Regarde, Simon, il est posé juste devant toi.

— Oui, tu m'as donné le stylo mais t'as oublié la plume.

(Quelle étourdie !)

— Maîtresse, pourquoi tu veux pas qu'on sorte en récréation ?

— Il tombe des cordes, les enfants, c'est impossible !

— QUOI ? Des cordes ? Mais moi, je veux les voir tomber les cordes, j'en n'ai jamais vu !

(Il y a un début à tout !)

— Maîtresse, est-ce que je peux changer de place ?

— Pour quelle raison, Léonie ?

— J'veux plus être à côté de Gabriel.

— Et pourquoi ?

— Il mange tout le temps ma colle !

— Pardon ? Gabriel, c'est vrai ?

— Ben oui, mais c'est bon la colle !

(Ce n'est pourtant pas de la colle Cléopâtre...)

— Dis-moi, Ombeline, tu es sûre qu'il s'agit de ton manteau ? Celui-ci me paraît trop petit, il est à Ta-taille ?

— Non, il est à moi !

(D'accord, il est à toi mais pas à ta taille !)

— Bonjour Maîtresse. Tu sais, hier ma nouvelle copine Leïla m'a invitée chez elle pour son anniversaire.

— Ah, Leïla, la petite fille qui vient de Tunisie ?

— Ben non, elle vient de chez les Moyens !

(De Tunisie, de Moyenne Section, nous ne sommes pas à quelques milliers de kilomètres près...)

— Alors les enfants, c'était bon la cantine ce midi ?

— Non, Maîtresse, c'étaient des fruits secs !

— Ah mais c'est très bon les fruits secs...

— Eh bien, moi, je préfère les fruits mouillés !

(Fruits secs, fruits charnus, fruits simples, fruits multiples... pourquoi pas fruits mouillés ?)

QUAND JE SERAI GRAND…

— Léonie, que veux-tu faire plus tard ?

— Infirmière, Maîtresse !

— Et toi Kévin, as-tu un but dans la vie ?

— Non, mais j'ai déjà un ballon de foot !

(C'est un début…)

* * *

— Faustin, que veux-tu faire plus tard ?

— Je veux être docteur des habits !

— Docteur des habits ? Qu'est-ce que c'est ?

— Ben, réparer les habits !

— Ah, tu veux dire couturier…

— Mais non, couturier c'est celui qui fait les habits !

— … et toi, Céleste ?

— Moi, je veux être végétarienne !

— Mais végétarienne n'est pas un métier, Céleste. Que veux-tu faire ?

— … Vendre des légumes…

— Oui, donc maraîchère !

— Et moi, tu ne me demandes pas, Maîtresse ?

— Si… demain !

(Je vais d'abord dormir douze heures !)

— Alors, certains enfants comme Naomie et Sirine vont faire des piqûres de rappel avec l'infirmière…

— Pour se rappeler quoi ?

(Trop chou…)

— Maîtresse, chui fatiguée…

— Oui, je sais, Marguerite, tu me dis cela tous les vendredis. C'est le dernier jour de la semaine, demain tu pourras te reposer…

— Oui, tu me dis ça aussi tous les vendredis, tu n'as qu'à enlever le vendredi…

— Oui, mais dans ce cas tu seras fatiguée tous les jeudis…

— Hein ?

(Non, Marguerite, rien du tout…)

— Aujourd'hui, en « lecture-plaisir », je vais vous lire *La petite fille aux allumettes...*

Dix minutes plus tard :

— Parce que tu trouves, Maîtresse, qu'une petite fille qui meurt ça nous fait plaisir ?

(Non, c'est sûr. Mais la « lecture-développement de l'imaginaire et gestion des émotions », ça sonne un peu moins bien, non ?)

— C'est la fin de la semaine, les enfants, et le début des vacances, c'est super ! D'autant que je vous trouve bien fatigués...

— Oui, chui fatiguée. D'ailleurs, on est toujours fatigués au début des vacances. Pourquoi on ne commence pas par les vacances et ensuite on va à l'école... ?

(Tu demanderas à Marguerite qu'elle t'explique !)

– Mais enfin ! Arrêtez de vous chamailler ! Que se passe-t-il ?

– Lola m'a pris mon goûter !

– Mais qu'as-tu dans les mains alors, Rose ?

– Le goûter de Lola ! Il avait l'air bon…

– Et toi Lola, pourquoi as-tu pris le goûter de Rose ?

– Il avait l'air bon aussi !

– Mais je rêve… Vous ne pouvez pas simplement vous les échanger au lieu de vous battre ?

(Elle sert à quoi l'école alors ? Maîtresse en perdition…)

MAÎTRESSE ! POURQUOI LE MIEN IL NE BRILLE PAS ?!
LA GUERRE DES GOÛTERS

P'TITS MALADROITS !

— Oh Maîtresse, elles sont trop belles tes chaussures !

— Merci Maël, elles sont toutes neuves…

— Tu sais, ma grand-mère, elle a les mêmes !

(Ben… ta grand-mère doit être extrêmement jeune !)

— Dis, Maîtresse, pourquoi ça bouge quand tu nages ?

— De quoi parles-tu, Jules ?

— Regarde, quand tu nages, ça tremble !

— Je ne vois pas de quoi tu parles.

— Mais si ! Là ! Sur tes fesses !

(Il paraît que la vérité sort de la bouche des enfants…)

— Tiens, Maîtresse, j'ai ramassé des feuilles dans la cour pour faire un travail…

— Merci ! C'est une très bonne idée ! Que veux-tu faire avec ?

— J'sais pas moi, c'est toi la maîtresse !

(C'est pas faux…)

— Maîtresse, pourquoi tu nous demandes de tout le temps travailler ?

— Car tu es à l'école pour cela, Lina, pour apprendre…

— Oui, mais toi, tu travailles jamais !

(C'est une façon de voir les choses…)

Dans le bus :

— Marie, assieds-toi ici.

— Non, j'veux pas être à côté de la dame, elle sent pas bon.

— Mais enfin, tu ne peux pas parler comme ça, excuse-toi auprès de la dame, s'il te plaît !

— Mais Maîtresse, tu dis toujours qu'il faut dire la vérité !

(Encore cette histoire de vérité, elle commence à me plaire celle-ci !)

MAIS ELLE SENT VRAIMENT PAS BON, LA DAME !!
CRAAC

— Maîtresse, c'est la fin de l'année et tu confonds encore nos prénoms, t'es vraiment tête en l'air !

(Ou très fatiguée…)

— J'peux t'poser une question, Maîtresse ?

— Bien sûr, Léa.

— Pourquoi t'es en pyjama ?

— Mais je ne suis pas en pyjama…

— Ah ? Ton pantalon, on dirait un pyjama !

(Un compliment dès le matin, voilà une belle journée qui commence !)

— Avez-vous fini vos dessins sur le corps ?

— Ouiiii !

— Oh Paul, c'est ta maman que tu as dessinée ?

— Non, c'est toi ! Maman, elle a pas des grosses fesses comme ça !

(C'est vrai, merci... Un régime s'impose !)

— Maîtresse, t'as un bébé dans le ventre ?

— Non, pourquoi, Max ?

— Ben, je sais pas, je trouve que t'as un gros ventre !

(Décidément, je ne pourrai pas passer à côté de ce régime !)

— Maîtresse, pourquoi tu te souviens jamais de nos prénoms ?

— Cela fait seulement deux jours que je vous connais et vous êtes nombreux…

— Moi, je pense surtout que t'as pas une bonne mémoire, c'est parce que t'es vieille ?

(Ah oui ? Et d'après toi, est-ce que je suis trop vieille pour te mettre un Ippon* *?)*

* Ippon désigne, en judo, l'abandon de l'adversaire à la suite d'une clef de bras ou d'un étranglement.

MATTÉO ?
HEU...
GABIN ?
NAN.
NON, MAÎTRESSE.
NOAH ?
NOLAN ?
NON.
NAN.
RAYAN ?
AYDEN ?
NON.
OSCAR ?
OUI ? AH, NON.
NON, MOI C'EST HÉDEN !

— Joyeux anniversaire, Maîtresse !

— Merci beaucoup, Thomas.

— T'as quel âge ?

— Quarante-deux ans !

— Ouh ! Ça fait beaucoup !

(Qu'est-ce que t'en sais ? Tu ne sais même pas compter jusqu'à quarante-deux… Grrr)

— Dorian, voudrais-tu aider Arun à faire ses lacets, s'il te plaît ? J'ai vu que tu savais très bien les faire !

— Mais Arun, il a toujours les yeux fermés, il a qu'à les ouvrir !

(Découverte de la différence. Nous n'avons pas tous de grands yeux comme toi, mon petit Dorian !)

— Bonjour Malik !

— Bonjour Maîtresse. T'as vu mon dessin ?

— Il est vraiment très beau. Il est pour moi ?

— Mais non, il est pour Maman !

(Tout va bien, je ne suis pas vexée... Face à Maman, je n'avais de toute façon aucune chance.)

— Maîtresse, pourquoi t'as des p'tits tétés ?

— Écoute Jules, toutes les personnes sont différentes... Il y a des grands, des petits, des blonds, des bruns...

— Oui, mais pourquoi t'as des p'tits tétés ?

(... Si on te demande, tu diras qu'tu sais pas !)

— Maîtresse, la nuit je rêve de toi.

— Ah oui ? Raconte-moi…

— Je rêve que des monstres te dévorent.

(Ah… Est-ce que je dois m'inquiéter ?)

IL N'Y A PAS DE "CTHULHU FHTAGN" QUI TIENNE !
REPOSEZ-MOI PAR TERRE, GRAND DÉGOÛTANT !
ET RÉVISEZ VOTRE ORTHOGRAPHE !!

— Maîtresse, t'es un peu grosse mais pas trop, ça va...

— Ah... Mais du coup, je suis grosse ou pas ?

— Non... ça va !

(Alors si ça va...)

— Que fais-tu avec ce rouge à lèvres, Gaëlle ?

— C'est pour la photo de classe, Maîtresse, comme ça je suis encore plus belle !

— Mais tu es déjà très belle, tu n'en as pas besoin...

— Si j'en ai besoin ! Et toi aussi, tu serais bien plus belle avec du rouge à lèvres !

(Oui, on me l'a déjà faite celle-ci ! Cf. Parents casse-couilles *!)*

— Pourquoi pleures-tu, Milla ?

— Je ne veux pas aller dans le groupe de la maman de Lily...

— Mais tu n'as pas le choix ! Je ne peux pas prendre tous les enfants avec moi...

— La maman de Lily, je ne l'aime pas, elle est moche...

— Tu ne peux pas dire ça, ce n'est pas gentil !

— Mais tu nous as dit de toujours dire la vérité !

(Eh bien, des fois, mieux vaut la taire !)

— Maîtresse, tu arrêtes de crier ?

— Mais je ne crie pas, je te donne un ordre, celui de ranger tes affaires ! D'ailleurs, cela s'appelle l'impératif !

— Ben, arrête ton impératif !

(Toi aussi !)

– C'est très bien, les enfants, tout est prêt pour le passage du Père Noël. Avez-vous préparé votre liste ?

– Maîtresse, je peux te dire un secret ?

– Non Méline, si tu veux dire quelque chose, c'est devant tout le monde…

– Mes parents m'ont dit que le Père Noël n'existait pas !

(En effet… un p'tit secret n'aurait fait de mal à personne…)

— Maîtresse, Véronique (ATSEM*) m'a craché dessus !

— Tu as dû mal interpréter. Véronique n'a pas pu te cracher dessus...

— Si ! Je te le dis !

— D'accord, raconte-moi...

— Elle me parlait et j'ai reçu plein de gouttes d'eau qui sortaient de sa bouche...

(Vive les masques !)

* « Agent Territorial Spécialisé des Écoles Maternelles ». Son rôle est d'apporter une assistance technique et éducative à l'enseignant.

— Pourquoi pleures-tu, Anna ?

— C'est Victoire, elle m'a dit que j'suis moche !

— Victoire, viens nous voir, s'il te plaît. Qu'as-tu dit à Anna ?

— Eh ben, qu'elle est moche.

— Mais tu ne peux pas lui dire ça, elle est toute triste maintenant !

— Oui, mais c'est vrai, et c'est pas ma copine !

(Il n'y a plus qu'à espérer qu'Anna ne soit pas rancunière sinon, en effet, ce ne sera jamais ta copine !)

— Aujourd'hui, les enfants, nous allons voir l'infirmière pour vérifier si tout va bien...

— Toi aussi, Maîtresse ?

— Non, seulement vous...

— Ah bon ? Parce que toi t'as les pouces tout tordus et des boutons sur ta tête quand même !

(Mmmm, il est mignon...)

— Maîtresse, j'ai hâte d'aller à la plage… On va chercher des moules et des Thierry Lhermitte !

(Tu peux aussi chercher Bernard !)

C'EST
C'LÀÀÀÀ
OUI...

P'TITES TÊTES À CLAQUES !

MAÎTRESSE...

... est-ce qu'à la bibliothèque on pourra emprunter d'autres livres ? Dans la classe, ce sont toujours les mêmes, c'est rasoir !

(Mais très certainement, Monsieur Le-Premier-De-La-Classe !)

• • •

... si on va à la piscine, tu pourras refaire mon brushing ?

(Et pourquoi pas une petite manucure ?)

• • •

... si je suis fatiguée pendant la sortie, tu pourras me porter ?

(Porteur, s'il vous plaît, Madame est fatiguée...)

• • •

… tu peux venir m'essuyer les fesses ? J'ai fini !

(Avec plaisir ! Il ne me manquait plus que cette corde à mon arc : « Madame Pipi ! »)

• • •

… j'peux aller chercher mon téléphone pour dire à Maman que j'ai plus mal au ventre ?

(Bien sûr, profites-en pour lui passer le bonjour ! Mais dans quel monde vivons-nous ?)

— Maintenant, ça suffit Marius ! Tu vas t'asseoir sur la chaise qui fait réfléchir !

— Elle fait pas réfléchir ta chaise, Maîtresse, elle fait mal aux fesses !

(Et mon pied dans le derrière, il t'aiderait à réfléchir ?)

La directrice :

— Merci, Julien, pour ces jolies fleurs...

— C'est pas pour toi, c'est pour ma maîtresse, toi j't'aime pas !

(Entendu... Moi, j't'aime quand même...)

— Bonjour Jean. Comment vas-tu ce matin ?

— Pas très bien…

— Ah, alors je te propose d'aller accrocher cette humeur sur le mur des émotions…

— NON, c'est nul !

(Moi aussi, je suis contente de te voir, Jean…)

— Gabin, va au tableau pour nous parler de ton travail…

— Je peux pas, Maîtresse, chui malade…

— Mais tu as l'air d'être en forme pourtant…

— T'en sais rien ! T'es pas docteur !

(Non… il est vrai !)

Premier degré

— Éva, ça fait dix fois que je te demande de te ranger !

— N'importe quoi, ça fait deux fois, pas dix !

(Nos chers petits et leur sens littéral !)

. . .

— Éléonore, quand vas-tu arrêter de casser les pieds à tes camarades ?

— Je leur casse pas les pieds, je leur casse les oreilles !

(Ah… ce sens littéral, encore…)

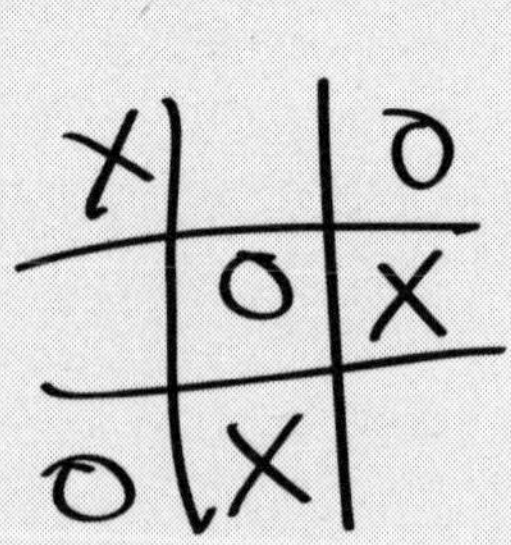

— Maîtresse, tu te souviens du métier que je voudrais faire quand je serai grand ?

— Hum, si je me souviens bien, Naël, tu souhaiterais être conducteur de train, non ?

— Et de tramway ! Bravo Maîtresse ! Et, est-ce que tu te souviens de ce que c'est qu'un pantographe ?

— …

— Alors ? Je te l'ai pourtant dit plusieurs fois.

— …

— Maîtresse ! À quoi ça sert de te répéter les choses si tu ne te souviens de rien ? Il faudrait quand même que tu m'écoutes !

(Qui est l'élève, qui est le maître ? Telle est la question…)

— Pourquoi ne commences-tu pas ton travail, Callie ?

— Je suis en grève, comme Papa ! Je suis pas contente, ton travail il est trop dur !

(Future cégétiste !)

Aujourd'hui :
non aux cadences infernales !
il est INTERDIT d'INTERDIRE !

— Bonjour Jules. Tu as été courageux ce matin, tu es venu à vélo !

— Oui, c'est pour pas trop me fatiguer.

— Pourtant, ça fatigue de pédaler...

— Oui, mais toi, tu me fatigues encore plus !

(Je suis ravie d'entendre que tu n'as pas le temps de t'ennuyer !)

— Maîtresse, pourquoi tu fais grève ?

— Car je ne suis pas satisfaite de certains points de mon métier...

— Eh bien, tu n'as qu'à changer si t'es pas contente !

(Eh, oh !)

— Je t'aime pas, Maîtresse !

— Écoute Jules, je t'ai puni car tu le méritais. Et crois-moi, si je te punis, c'est que tu m'intéresses !

— J'veux pas que j't'intéresse ! T'es un gros caca !

(Insulte suprême en maternelle...)

— Maîtresse, tu es allée chez le coiffeur ?

— Oui, Vincent... tu aimes ?

— Non, t'es moche !

— Ah ! Tu préférais avant ?

— Non, t'étais moche aussi !

(Attendez-moi, les enfants ! Je vais pleurer deux minutes, j'avale un p'tit Prozac et je reviens. Snif snif !)

— Où vas-tu, Georges ?

— Ça sonne, alors je sors...

— Eh bien, mon cher ami, tu vas attendre que je te donne l'autorisation...

— Pourquoi perdre du temps ?

(Ça tombe bien ! Tu vas avoir tout le temps de réfléchir à cette question pendant la récréation, assis à côté de moi SANS BOUGER, SANS RESPIRER ! Grrr)

— Allez les enfants, c'est le moment d'aller tous aux toilettes.

— Moi, j'ai pas envie...

— Ce n'est pas grave, tu feras plus tard...

— Pourquoi tu as dit TOUS alors ?

— C'est une façon de parler, si tu n'as pas envie tu n'y vas pas !

— Finalement j'ai envie...

(Provocation, Contradiction et... Irritation !)

— Maîtresse, regarde, je fume !

— QUOI ? Mais que fais-tu avec une cigarette, Antoine ?

— Je l'ai volée à Papa !

— Mais ce n'est pas bien de mettre une cigarette dans la bouche, le tabac c'est toxique. Enlève-moi ça tout de suite !

— Et tu ne me dis rien parce que je l'ai volée ?

(Oh ! Tu ne perds rien pour attendre toi !)

— Mathis, va te moucher, s'il te plaît.

— Pourquoi, Maîtresse ?

— Car tu as le nez qui coule, tu en as partout !

— C'est pas grave, il n'y a que toi que ça gêne !

(Oui, et c'est déjà pas mal !)

— Maîtresse, on ira au zoo un jour ?

— C'est marrant que tu me demandes ça, Joe, j'avais justement l'idée de vous emmener à la ferme...

— Oh nooooon, pas les vaches, on en voit tout le temps !

(On n'est pas normands pour rien !)

— Maîtresse, je vais avoir un chien !

— Super, Fabrice, et comment vas-tu l'appeler ?

— Rex !

— Ahhhh... c'est très original pour un chien !

— Non, c'est pas original ! Tous les chiens s'appellent Rex, t'y connais rien !

(Non, je n'y connais rien ! J'REXagère !)

— Maîtresse, il est beau ton parapluie, je peux l'utiliser pour aller en récréation ?

— Non, Yann, c'est dangereux un parapluie, tu risquerais de te blesser et de blesser tes camarades...

— Non, mais ce n'est pas pour eux ! C'est pour moi tout seul !

(Petit égoïste ! Eh bien, tu resteras sous la pluie !)

— Oh mais tu es beau en footballeur, Pedro ! La France joue aujourd'hui ?

— N'importe quoi, Maîtresse, c'est le maillot de l'Argentine pas de la France... tu vois pas les rayures ?

(Si... mais bon, du blanc c'est du blanc...)

Séance de gymnastique :

— Les enfants, vous allez devoir réaliser un équilibre sur la poutre : la planche. Je vous montre.

— Ahahah, tu tiens pas longtemps, Maîtresse !

(À toi de jouer, Monsieur Le-Champion-Olympique-De-La-Planche !)

ALORS, ON FAIT MOINS LES MALINS, LÀ...

— Tu n'as pas été très sage aujourd'hui, Zakaria, je vais en parler avec Papa ce soir !

— RAPPORTEUSE !

(Oups... apparemment il n'y a pas d'âge pour rapporter !)

— Malo, viens t'excuser tout de suite auprès d'Ysée. Je t'ai vu la pousser et maintenant elle pleure !

— Pff, tu sais qu'elle chipote tout le temps, Maîtresse, même toi tu le dis !

(Tourner sept fois la langue dans sa bouche avant de parler devant des enfants...)

— Maîtresse, je n'aime pas le poisson de la cantine...

— Ah bon ? Pourquoi, Mathieu ?

— Il a plein d'arêtes...

— Oui, il y a souvent des arêtes dans le poisson...

— Non, pas dans le poisson pané. Et toute ma vie je mangerai du poisson pané !

(Oui, et tu en feras à tes enfants avec de la purée Mousseline !)

— Maîtresse, Robin m'a demandé des bonbons sinon il n'était plus mon copain...

— Ah ce n'est pas bien ! Je vais aller lui parler...

— Mais si, c'est très bien ! Comme ça, je vais continuer à lui donner des bonbons et il sera toujours mon copain...

(Heu... chantage ou racket, mon cœur balance...)

P'TITS Z'AMOURS !

— Jonathan, range-toi avec Félix !

— Non, ye veux pas !

— JONATHAN, range-toi avec Félix !

— NON, YE VEUX PAS ! Ye veux ête à la queue yeuyeu te plaîaîaîaît...

(Mais oui, ça me plaîaîaîaît ! Allez, à la queue yeuyeu !)

— Et toi, Maîtresse, t'as eu quoi par le Père Noël ?

— Moi, j'ai eu un beau stylo, pour bien travailler...

— Oh ma pauv' Maîtresse, t'as pas dû être très sage alors...

(MDR...)

— Pourquoi tu nous aimes pas, Maîtresse ?

— Quoi ? Mais bien sûr que je vous aime !

— Pourquoi tu nous fais tout le temps travailler alors ?

(Snif, marre du mauvais rôle...)

— Tu sais, Maîtresse, moi j'adore les macarons au caramel beurre salé !

— Oh mais moi aussi, Élodie ! Mais pourquoi me dis-tu cela ?

— Parce que je vais t'en offrir pour la fin de l'année et comme ça tu pourras m'en donner !

(Avec plaisir choupinette...)

— Maîtresse, pourquoi en ce moment on ne fait pas de sorties ?

— À cause de la COVID-19, nous ne pouvons pas sortir, les musées sont fermés, les cinémas aussi...

— Le McDo est ouvert ! On peut y aller !

(Bien tenté...)

ET VOICI UN SPÉCIMEN DE "HAPPY MEAL"...
GRANDE FRITE

Dernier jour d'école :

— Vous m'avez gâtée, les enfants. Je vous remercie pour tous ces jolis cadeaux.

— Maîtresse ?

— Oui, Romane.

— Moi, ma maman, elle a dit qu'elle n'en avait plus besoin de ce sac. C'est pour ça que je te l'ai donné.

(Un recyclage qui vient du cœur !)

— Étienne, pourquoi ne m'as-tu pas demandé d'aller aux toilettes ?

— Mais si, je lève le doigt depuis tout à l'heure, mais tu ne me vois pas...

(Élève trop sage pour maîtresse trop myope !)

Chère Maîtresse,

J'ai beaucoup aimé le CP avec toi, même si :

« Gabin, écoute ! »

« Gabin, tiens-toi droit ! »

« Gabin, dépêche-toi ! »

« Gabin, range ton cahier ! »

« Gabin, sors ton manuel ! »

« Gabin, mets-toi en rang ! »

J'en avais un peu marre !

Tu vas me manquer. Ne m'oublie pas.

Gabin

(De quoi faire fondre un cœur de maîtresse !)

— Les enfants, aujourd'hui c'est vendredi ! Et le vendredi, c'est le jour du... ?

— ...

— Alors ? Vendredi, c'est le jour du... ?

— Du POISSON !

(Aussi... À chacun ses rituels !)

— Maîtresse, est-ce que pour la classe verte je peux apporter mon doudou ?

— Bien sûr, tu peux emmener tout ce qui t'aidera à te rassurer.

— Alors, Maman peut venir ?

(P'tit Chou...)

— Regarde-moi, Maîtresse !

— Oh ! Comme tu es élégant avec ce joli nœud papillon !

— C'est pour la photo de classe !

— Mais c'est seulement la semaine prochaine ?

— Oui, mais comme ça je me serai bien entraîné et je serai le plus beau.

(Le plus beau peut-être... le plus motivé, indéniablement.)

— Oh ! Christophe, que t'est-il arrivé ? Tu as un plâtre...

— Oui, Maîtresse, je suis tombé avec mes patins à roulettes...

— Mon pauvre... comme tu dois être triste...

— Pas du tout ! Je ne peux plus écrire alors je ne vais que te regarder !

(Je vais faire attention à ce que je fais alors...)

QUAND JE SERAI GRAND...

— Maîtresse, quand je serai grand, je veux être ton mari.

— Tu es adorable, Siméon, mais je suis déjà mariée.

— Non mais, c'est pas pour tout de suite, c'est quand ton mari s'ra mort !

(Vu sous cet angle, je pourrai en effet de nouveau me marier !)

• • •

— Maîtresse, as-tu un rêve ?

— Oui, je rêve d'avoir une belle vie. Et toi ?

— Moi, je rêve de voler comme un oiseau.

— Oh ! Ton rêve ne va pas être facile à réaliser.

— Oui, et le tien, tu sais déjà qu'il va se réaliser !

(Comme l'a si bien écrit Antoine de Saint-Exupéry : « Fais de ta vie un rêve, et d'un rêve une réalité. »*)*

* * *

— Maîtresse, quand j'serai grand, j'vais m'marier avec toi !

— Ah oui ? Mais je suis déjà mariée.

— T'auras deux amoureux !

— Et pourquoi veux-tu te marier avec moi ?

— Ben... parce que je t'aime !

(C'est sûr, c'est une bonne raison !)

— Maîtresse, ce soir, je dors à l'école avec toi !

— Mais je ne dors pas à l'école, Léon, j'ai une maison.

— Ah ?

(La fin d'une légende…)

— Ah merde !

— Oh Maîtresse, il ne faut pas dire de gros mots !

— Ah zouille ! Tu as raison, Louis, je suis vraiment désolée…

Louis, tout joyeux :

— Je vais être obligé de te mettre la fessée, Maîtresse… !

(Oups…)

— Maîtresse, tu veux bien enlever ton masque ?

— Non, je n'ai pas le droit.

— Pff, je voulais voir si t'étais belle.

(Mais oui, je le suis, mon p'tit coquin !)

— Maîtresse, j'ai quelque chose à te dire…

— Tu me le diras tout à l'heure après l'accueil, Max…

À la fin de la journée :

— Oh Max ! Tu avais quelque chose à me dire ce matin ?

— Je t'aime !

(Oh non ! Maîtresse débordée…)

Premier degré

— Théo, combien de frères et sœurs as-tu ?

— Un frère et une sœur !

— Et toi, Léa ?

— Deux frères et une demi-sœur !

— D'accord. Et toi, Nils ?

— Moi, j'ai une sœur entière !

(Et moi, je suis entièrement MDR !)

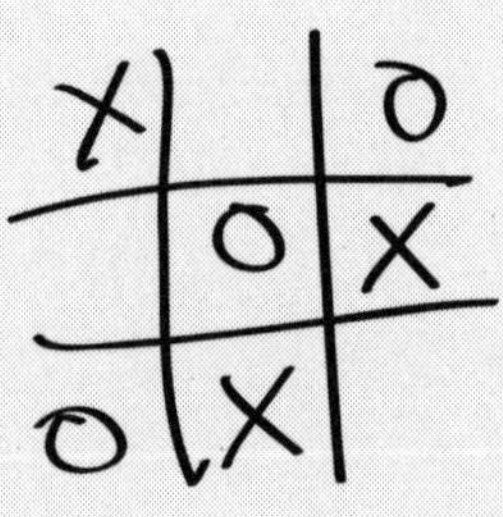

— Maîtresse, pourquoi je ne suis plus dans ta classe cette année, tu ne m'aimes plus ?

— Mais si bien sûr, Jules, mais tu es passé dans la classe supérieure donc je ne peux plus être ta maîtresse...

— Et pourquoi tu n'es pas passée dans la classe supérieure toi, tu n'as pas bien travaillé ?

(Pourtant, j'ai fait de mon mieux !)

— Maîtresse, pourquoi tu as jeté mon dessin ?

— Mais je ne l'ai pas jeté, il a dû glisser par erreur dans la poubelle...

— Ah ouf ! Sinon tu serais une maîtresse méchante, et TOI t'es gentille...

(Ouf, comme tu dis ! Mon honneur est sauvé !)

— Maîtresse, hier je t'ai vue à la boulangerie !

— Oui, c'est vrai. Moi aussi, je t'ai vue, Lilou…

— Mais… tu n'as pas le droit de sortir de l'école ?

(Ah tu crois ? Et scoop : mon prénom n'est pas Maîtresse !)

ALLÔ, POLICE ? C'EST POUR SIGNALER UNE ÉVASION ...

— Pourquoi tu lis le journal, Maîtresse ?

— Je m'informe de ce qui se passe autour de moi...

— Mais tu as juste à ouvrir les yeux et à regarder par la fenêtre...

(Le monde à travers les yeux d'un enfant...)

— Maîtresse, t'es trop belle !

— Tu es gentil, François, mais tu dois dire « Maîtresse, tu es belle ». Si tu dis « trop », c'est un superlatif, cela veut dire que tu aimerais que je sois moins belle...

— ...

— ... Je t'ai perdu, c'est ça ?

(Quel amour ! Un « Merci » aurait suffi !)

P'TITS RAPPORTEURS !

— Flore, qu'attends-tu ?

— Que tu viennes avec moi aux toilettes…

— Mais pour quoi faire ?

— Maman en a marre de laver mes culottes, elle a dit que tu dois m'essuyer les fesses…

(Ah oui, elle a dit ça…)

— Oh super, Gaëtan, tu as enfin compris la leçon, tu vois bien qu'il faut persévérer ! Je suis fière de toi et de tes progrès.

— Oui, c'est Papa, il m'a tout expliqué !

(Mention TB pour Papa et Zéro pointé pour la maîtresse !)

Dis donc, Papa !

En classe :

— Bonjour Coline. Ça n'a pas l'air d'aller ce matin…

— Chui inquiète… Papa tape Maman…

— Attends, on va s'asseoir un peu plus loin et on va en discuter.

— Eh ben, chaque fois que Maman se baisse, Papa lui donne une tape aux fesses et Maman pousse un p'tit cri !

(Quelle chance…)

• • •

— Que regardes-tu comme ça, Hugo ?

— ...

— Hugoooo ? Ça va ?

— J'regarde si t'es un garçon.

— Pourquoi penses-tu que je suis un garçon ?

— Papa y dit : « Femme à lunettes, femme à quéquette. »

(Merci Papa... ce n'est pas tombé dans l'oreille d'un sourd !)

* * *

— Arrête Gaspard, j'vais l'dire à la maîtresse !

— Gaspard et Clémentine, ça suffit ! Que se passe-t-il ?

— Gaspard, il arrête pas de toucher mes fesses !

— *Gaspard* !

— Mais, c'est comme ça que Papa y fait avec Maman.

(... Rappelle-moi ton âge, Gaspard ?)

* * *

— Maîtresse, c'est qui Jésus ?

— Jésus est un prophète, comme un messager. C'est à partir de sa naissance que nous avons commencé le calendrier. Tous les 25 décembre, le jour de Noël, nous fêtons sa naissance.

— Et pourquoi Papa il fait que me dire : « Arrête de tripoter ton Petit Jésus » ?

(Ça, c'est une autre histoire que je ne te raconterai pas !)

— Aujourd'hui, vous allez imaginer une Nana à la manière de Niki de Saint Phalle.

— Je vais vous donner à chacun un bloc de pâte à modeler. À vous de jouer !

— Allez Maxime, vas-y, tu peux prendre la pâte à modeler dans tes mains.

— Non, j'ai pas l'droit.

— Comment ça, tu n'as pas le droit ? Bien sûr que si, puisque je te le demande.

— Maman, elle veut pas. Elle m'a dit que fallait pas toucher les fesses et les nénés des filles. Et les Nanas, elles ont des gros nénés !

(En voilà un enfant obéissant !)

— Pourquoi pleures-tu, Pablo ?

— Parce que t'as dit qu'on finirait notre carte de vœux la semaine prochaine et moi j'serai pas là.

— Et où seras-tu ?

— En vacances.

— Mais les vacances sont dans trois semaines !

— Oui, mais Papa, il a dit : « Tant pis pour l'école ! »

(Et tant pis pour la carte de vœux et le sourire de Pablo. Merci Papa !)

— Aujourd'hui, nous allons faire notre première séance de danse.

— Moi, j'veux pas ! J'aime pas danser !

— Pourquoi dis-tu cela ?

— Quand Maman elle danse, elle tombe tout le temps par terre. J'ai pas envie de tomber !

(Alors là, ce n'est pas la polka, mais plutôt la vodka !)

— Alors Manon, que veux-tu faire comme métier plus tard ?

— Comme toi, maîtresse !

— Ah oui, c'est un très beau métier, tu verras…

— Oui, mon père dit que les maîtresses, elles font pas grand-chose et qu'en plus elles sont tout le temps en vacances !

(Ah oui ? Je te conseille d'écouter Papa, tu ne seras pas déçue !)

AH AH AH...
SI C'ÉTAIT VRAI...

— Bonjour Maîtresse. Excuse-moi d'être encore en retard.

— Bonjour Alex. Mais oui, c'est la troisième fois cette semaine que tu arrives en retard. Que se passe-t-il ?

— J'ai déménagé, ma maison est plus loin. Et Maman ne veut pas partir plus tôt. Elle dit qu'elle est trop fatiguée !

(Fatiguée ou pas... Maman ne va pas avoir le choix.)

— Ilan, ça ne va pas ce matin ?

— Non ! Papa et Maman se sont disputés à cause de toi.

— ... Mais pourquoi ?

— Papa a dit que t'étais casse-pieds, tu donnes trop de devoirs !

(Ah... alors s'il le dit...)

— Maîtresse, Samuel me dit que je n'ai pas le droit d'aller jouer dans le coin poupées car je suis un garçon !

— Mais bien sûr que si, Cyrille, tu as le droit, tout le monde a le droit de jouer à la poupée… Samuel, pourquoi dis-tu cela ?

— C'est mon père, il dit que les garçons ne jouent pas à la poupée !

(Papa n'a jamais eu de bébé ? Et que pense-t-il du coin dînette ?)

— Tu te sens bien, Anne-Clémence ? Tu sembles fatiguée et tu es toute pâlichonne. Veux-tu que j'appelle Maman ?

— Heu… non… Maman a dit qu'avec un Doliprane, ça irait mieux et que tu n'y verrais qu'du feu !

(Et sur mon front, y'a écrit « pigeon » ?)

— J'veux pas aller à la garderie... chui fatigué.

— Tu es bien obligé, Papa et Maman travaillent sûrement tard et ne peuvent pas venir te récupérer plus tôt.

— Mais Maman, elle travaille pas !

— Alors pourquoi es-tu inscrit à la garderie ?

— Parce que c'est gratuit, le goûter !

(Il n'y a pas de petites économies...)

— Coline, il faut que tu arrêtes de bavarder sans cesse lorsque tu travailles, tu te déconcentres...

— Non, Maman m'a dit que les filles ça pouvait faire plusieurs choses en même temps...

(Tu es donc capable de te taire et de travailler en même temps, quelle bonne nouvelle !)

— Maîtresse, tu as un animal ?

— Oui, j'ai un chat.

— Moi, je voudrais avoir un chien, mais Maman dit que c'est trop de responsabilités. C'est quoi des responsabilités ?

— C'est comme un engagement. Si tu décides d'avoir un chien, tu devras t'en occuper et répondre à ses besoins.

— C'est comme avoir une femme ?

— Heu...

— Maman, elle dit toujours à Papa : « T'assumes pas tes responsabilités ! »

(On peut aussi le voir sous cet angle. En effet, c'est pareil !)

— Jacques, veux-tu bien rendre ce goûter à Maxime, s'il te plaît ?

— Mais j'ai pas de goûter.

— Je vais t'en donner un, mais tu ne peux pas prendre celui des autres enfants.

— Pourtant, Papa, il dit : « Dans la vie, si t'as rien, il faut prendre aux autres ! »

(Ton papa, c'est sûrement Robin des Bois !)

JE PRENDS AUX RICHES POUR DONNER À MOI !

— Aujourd'hui, les enfants, vous allez commencer à faire le cadeau pour la fête des mamans.

— Moi, ma maman, elle veut pas d'un collier de nouilles.

— Et moi, elle veut pas de boîte à bijoux camembert.

— Et moi…

— Non mais… STOP ! Depuis quand les mamans décident-elles de leur cadeau ? Qui est le patron ici ?

(Une fleur en tissu qui prend la poussière, ça vous ira, Mesdames ?)

— Bonjour Théo. Pourquoi es-tu en retard ?

— Il y avait beaucoup de bouchons ce matin.

— D'accord, mais il faudrait dire à Papa de partir un peu plus tôt, tu es souvent en retard.

— Il sait, il a dit que de toute façon tu vas râler. Et tu vois, tu râles !

(Je râlais, je râle et je râlerai encore tant que tu n'arriveras pas à l'heure. C'est normal, non ?)

— Maîtresse, on va quand à la piscine ?

— Pas cette année, Henri, les piscines sont fermées à cause de la COVID-19...

— Mais je ne sais pas nager...

— Mais tes parents t'emmèneront à la piscine pour apprendre...

— Non, ils ont dit que j'apprendrai à l'école !

(Facile de se décharger...)

— Bonjour Marius. C'est quoi cette boîte que tu apportes ce matin ?

— C'est pour mettre mon repas...

— Ton repas ? Mais elle est vide !

— Oui, c'est pour mettre mon repas de la cantine que je ne mangerai pas. Maman en a marre de payer pour rien !

(Maman a beaucoup d'humour !)

— Maîtresse, j'ai une question à te poser ?

— Oui, je t'écoute, Ambrine...

— Est-ce que les légumes de la cantine sont bio et sans pesticides ?

— Ah ça, ce n'est pas une question de toi mais de tes parents...

— Comment tu le sais ?

(Tu n'as que trois ans ! Cf. Parents casse-couilles.*)*

— Mais Marélia, tu as mis des sandales aujourd'hui, tu sais que c'est interdit à l'école ! Tu risques de te faire écraser les orteils par un vélo.

— Oui, je sais, mais Maman a dit que comme ça tu me donnerais un vélo. J'pourrai pas me faire rouler dessus !

(Maman n'a certainement pas pensé que je pouvais aussi te garder dans la classe pendant la récréation...)

— Maîtresse, t'es belle...

— Merci Yanis, c'est gentil !

— Papa et Maman se sont encore disputés parce que tu es belle !

(Ah... c'est embêtant ça !)

— Maîtresse, est-ce que je dois encore travailler ?

— Non, Josh, tu as déjà assez travaillé. Tu peux aller jouer pour te détendre.

— Ah bon ? J'ai le droit ?

— Bien sûr !

— Maman, elle dit qu'à l'école on ne joue pas, on doit seulement travailler !

(Oui, je sais, c'est la maman Working-girl *de* Parents casse-couilles *!)*

— P… tain ! J'arrive pas à faire mon travail !

— Ne t'énerve pas, Esteban, et ne dis pas de gros mots ! Ce n'est pas joli et c'est interdit !

— Mes parents, ils disent plein de gros mots, d'ailleurs ils disent que tu es casse-couilles !

(Maîtresse casse-couilles, *pourquoi pas !)*

Achevé d'imprimer par
Normandie Roto Impression s.a.s.
61250 Lonrai
N° d'impression : 2103990
ISBN : 978 2 38015 497 9
Dépôt Légal : Septembre 2021

Imprimé en France